PETER SPANGENBERG
Wahrheit und Wirklichkeit

Peter Spangenberg

Wahrheit
und
Wirklichkeit

Die Seligpreisungen

AGENTUR DES RAUHEN HAUSES HAMBURG

© Agentur des Rauhen Hauses Hamburg 2000
Gesetzt aus der Caslon 540
bei Gestaltung + Verlags-Service, Rosengarten
Lithografiert bei connected 2000 GmbH, Hamburg
Umschlagabbildung: Pia Bühler, Viadukt;
© Bildarchiv Rodrun/Bühler
Die Schreibweise folgt den Regeln
der neuen Rechtschreibung.
Druck und Bindung: Clausen & Bosse, Leck
Der Umwelt zuliebe gedruckt auf
chlorfrei gebleichtem Papier
ISBN 3 7600 1611-1
Best.-Nr. 1 1611-1

Für Klaus Brandt

INHALT

Eine verbrauchte Vokabel

Mich ärgert das Wort „selig". Es ist so verbraucht:

Ich bin selig, ich schwebe auf Wolken, ich bin im siebten Himmel, mein Glück ist vollkommen. Ich bin verliebt.

Da ist jemand rührselig, hat nah am Wasser gebaut, heult bei jeder Gelegenheit los, ist einfach zu weich.

Da ist jemand weinselig oder bierselig. Der Kneipenbesuch ging über das Maß hinaus. Er verdreht die Augen. Er lallt. Es ekelt mich.

Da ist jemand glückselig. Ich gönne es ihm. Aber es gibt nur Augenblicke. Kostbare gewiss. Doch die Glückseligkeit nimmt ein jähes Ende.

Da wünscht sich jemand auf die Insel der Seligen. Meint er die Verstorbenen? Oder die Vollendeten? Oder die nur Gesunden, nur Starken, nur Guten? Damit kommt er nicht durch.

Da sagt jemand: Gott hab' ihn selig, und er meint damit den frommen Wunsch auf Ewigkeit. Ein wenig Respekt ist dabei, ein wenig nachgeholter Abschied, aber schon geht der Sprecher weiter.

Da ist jemand leutselig. Er ist jovial, ein Mensch zum Anfassen, einer, der strahlt, unkritisch zwar, aber immerhin sehr freundlich.

Ein anderer ist redselig. Seine Worte fließen aus dem Mund wie Wasser aus der Quelle. Der Mensch wird leicht zum Schwätzer, womöglich zum Verräter.

Wieder ein anderer ist vertrauensselig. Das ist ein Mensch, der unbedacht Geheimnisse ausplaudert. Eigentlich ist es eine gute Eigenschaft. Aber sie kann sehr gefährlich werden.

Das Wort „selig" hat viel zu tun mit Glück, Trost, Güte, Milde, Gnade, Geduld und Freude. Alle diese Elemente sind noch wach und lebendig. Aber in den Redewendungen werden sie blass und hohl. Das kann der Mann der Bergpredigt nicht gemeint haben, als er die kostbaren Sätze sprach:

Selig sind, die da geistlich arm sind; denn ihrer ist das Himmelreich.

Selig sind, die da Leid tragen; denn sie sollen getröstet werden.

Selig sind die Sanftmütigen; denn sie werden das Erdreich besitzen.

Selig sind, die da hungert und dürstet nach der Gerechtigkeit; denn sie sollen satt werden.

Selig sind die Barmherzigen; denn sie werden Barmherzigkeit erlangen.

Selig sind, die reinen Herzens sind; denn sie werden Gott schauen.

Selig sind die Friedfertigen; denn sie werden Gottes Kinder heißen.

Selig sind, die um der Gerechtigkeit willen

verfolgt werden; denn ihrer ist das Himmelreich.

Selig seid ihr, wenn euch die Menschen um meinetwillen schmähen und verfolgen und reden allerlei Übles gegen euch, wenn sie damit lügen.

Seid fröhlich und getrost; es wird euch im Himmel reichlich belohnt werden. Denn ebenso haben sie verfolgt die Propheten, die vor euch gewesen sind.

So steht es bei Matthäus im 5. Kapitel. Bei Lukas findet sich die Predigt im 6. Kapitel. Bei Matthäus ist es die Bergpredigt. Bei Lukas ist es die Feldpredigt. Beides ist sicher eine nachträgliche geografische Zuordnung, die aber nichts aussagt.

Es ist eben ein Ort. Sie hat stattgefunden. Irgendwo unter der Sonne. Vor vielen Menschen. Die Menschen wollten ihn hören. Er tat sich schwer damit. Aber was er dann sagte, war neu, aufregend, umwerfend, ermutigend und gefährlich. Revolutionär war es. So war es vor 2000 Jahren. Ist es das heute noch?

Die Karikatur der Welt

Das ist kaum vorstellbar zu Beginn eines neuen Jahrtausends, in dem ganz andere Menschen selig gepriesen werden:

Gut dran sind die, die ihr Schäfchen im Trockenen haben; denn sie können sich zur Ruhe setzen.

Gut dran sind die Reichen; denn sie können sich alles leisten.

Gut dran sind die Mächtigen; denn sie bestimmen, wo es lang geht.

Gut dran sind die Raffinierten; denn sie verfügen über tausend Tricks, um zu überleben.

Gut dran sind die Gewalttätigen; denn ihnen gehört die Straße.

Gut dran sind die Berühmten; denn sie werden angehimmelt.

Gut dran sind die Egoisten; denn sie haben keine Gewissensbisse.

Gut dran sind die Erfolgreichen; denn sie haben viele Freunde.

Gut dran sind die, die immer den besseren Anwalt haben; denn sie bekommen Recht.

Gut dran bist du, wenn du die Gesetze des Ellenbogens beherrschst; denn das Internet gehört dir.

Es ist doch so, dass solche Menschen die Insel der Seligen verkörpern. Sie werden zu Lockvögeln und Idolen, sie machen Schlagzeilen, ob sie nun Neid auslösen oder Angst: Sie sind Götter unserer Zeit, und bei den so genannten alten Griechen wurde das Wort „selig" (makarios) ausschließlich für die Götter benutzt. Später wurde das Wort dem Begriff „gratulieren" gleich gesetzt. Und stimmt es denn nicht: Gratulieren muss man denen, die im obigen Sinne zu den oberen zehntausend gehören?

Sind nicht letztlich alle Armen doch nur verhinderte Reiche? Alle Schwachen verhinderte Starke? Alle Kranken verhinderte Gesunde? Alle Frustrierten nur verhinderte Erfolgreiche?

Hat Charles Darwin mit seiner These vom Recht des Stärkeren nicht doch Recht? Sind nicht inzwischen alle Systeme, die es anders versuchten, bereits im Ansatz gescheitert? Mahatma Gandhi in Indien mit seiner Idee von Religion, Bescheidenheit und Tat. Oder Julius Nyerere in Tanzania mit seinem Ujamaa-Prinzip: Gerechtigkeit für alle unter der Voraussetzung von Ehrfurcht und Verantwortung!

Sind sie nicht alle gescheitert: die Idealisten, Humanisten, Sozialisten und auch die Christen? Sind sie nicht letztlich alle daran gescheitert, dass der Mensch die Steinzeitethik nie ablegte, sondern nur verfeinerte und mit raffinierten Mitteln zur Staatsräson erhob? Selbst die Zehn Gebote verhinderten nicht den Tanz um das Goldene Kalb. Heute heißen die Kälber anders, aber getanzt wird nach wie vor, und der Reigen wird wilder und entwickelt sich weltweit zu einem gigantischen Totentanz.

Während ich diese Zeilen schreibe, sitze ich fast neben mir; denn ich mag sie nicht glauben, obwohl die Beschreibung der Welt stimmt: Selig, wer die Gesetze des Profits beherrscht, wer die Tropenwälder abholzt und das Ozonloch vergrößert; denn er wird Arbeitsplätze schaffen, selbst wenn unsere Urenkel deshalb keine mehr bekommen werden.

Übrigens: Die meisten, die sich für eine andere Haltung entschieden, wurden umgebracht: Dag Hammarskjöld im Flugzeug, John F. Kennedy im Auto, Millionen in Folter und KZ, viele auf Scheiterhaufen und im Gefängnis, andere durch Gift oder Deportation: Man hat sie ausgeschaltet, die eigentlich Seligen. Nachträglich hat man sie selig gesprochen, und den Einen, der als Inbegriff der Liebe und Gerechtigkeit zur Welt kam, diesen Einen hat man gekreuzigt. Dem selbstischen Menschen ist nichts unerträglicher als die befreiende Liebe.

Interessiert denn irgendjemanden aus den Etagen der Hochfinanz, was der arme Wanderprediger aus Nazareth vor 2000 Jahren wollte? Ist nicht der faule Kompromiss längst des Abendländers liebstes Kind? Und schwimmt die Kirche nicht längst auf den schmutzigen Wogen von Management und Profitum mit?

Lagen die Mönche richtig mit ihrer Entscheidung zur Askese? Lagen die Eremiten richtig mit ihrer Entscheidung zur Enthaltsamkeit und Einsamkeit? Das mögen ja in sich gute und ehrliche Entscheidungen sein, aber für die große Welt sind sie immer nur Signale. Sechs Milliarden Menschen können nicht in Klöster gehen. Sechs Milliarden Menschen können nicht ehelos leben. Die Menschheit würde aussterben. Also muss es doch etwas geben, was dem Leben auf dieser Erde Zukunft gibt, was dem Menschen Sinn vermittelt, und was der Kreatur und der ganzen Schöpfung eine Chance gibt. Verteerte Flächen schaffen das nicht. Vergiftete

Gewässer sind nicht nur tot, sondern eine Bedrohung für alle. Drogen sind kein Ausweg. Bestechungen sind kein Heilmittel. Nein, es muss etwas geben, was dem Leben im Sinne seines Schöpfers eine Chance gibt, eine realistische Hoffnung. Jesus aus Nazareth war kein Illusionär und kein Utopist. Er hat nie irgendeinem Menschen eine Scheinwirklichkeit vorgegaukelt oder ein Niemandsland versprochen, ein Unland. Er hat ein einziges Plädoyer für das Leben gehalten, gerade indem er dafür starb. Sein Vermächtnis hieß: Eröffnung des sinnvollen Lebens. So ist die Bergpredigt das beredte Dokument. Sie ist die Magna Charta des Glaubens. Sie ist das Credo Christi, sein ureigenstes Glaubensbekenntnis. Sie ist das ganze Evangelium in einer Nussschale. Sie ist Grundsatzprogramm und Leitlinie zugleich. Sie ist Erbe und Vermächtnis, Jesu leidenschaftliches Werben um Glaube und Solidarität. Die Bergpredigt ist die Keimzelle für eine neue Zeit.

Dass die Bergpredigt in den beiden Evangelien höchst unterschiedlich komponiert ist und auch höchst unterschiedliche Akzente setzt, zeigt einerseits, dass wir hier kein Protokoll vor uns haben, sondern eine zusammenfassende Überlieferung etwa 35 bzw. 45 Jahre nach Golgatha. Und andererseits ist es ein Hinweis, dass die beiden Evangelisten für sehr unterschiedliche Adressaten schreiben. Selbst das Vaterunser ist in beiden Evangelien nicht dasselbe. Solche Einsichten ändern überhaupt nichts an der Tatsache, dass wir in zwei „unterschiedlichen Heizkörpern dieselbe Wärme" haben, also in zwei unterschiedlichen Texten dieselbe Quelle.

Bei den Seligpreisungen fällt das besonders ins Auge, und wenn man das außerbiblische Thomas-Evangelium hinzuzieht, fällt auch hier die inhaltliche Verwandtschaft sofort auf. Hinter der Bergpredigt leuchtet die Christusgestalt auf wie ein Licht hinter dem Transparent.

Man hat die Bergpredigt für den Moralkodex der Christen gehalten; oder auch für die Ethik einer neuen Gesellschaft; oder auch für die Vollkommenheitsideale der Kirche; oder auch für den Maßstab der Frömmigkeit; oder auch für die politische Maxime christlichen Handelns. Aus genau diesen Gründen wurde die Bergpredigt auch uninteressant, weil solch hohe Ansprüche gar nicht lebbar sind, und weil ein Mensch, der solchen Vollkommenheitsidealen nachjagt, unweigerlich zum Scheitern verurteilt ist.

Wenn wir nun die Bergpredigt ganz anders verstünden:

als Darstellung der Person Christi,

als Einladung zum Glauben,

als Kraftquelle für das Leben,

als Verkündigung der Nähe und Liebe Gottes zu seinen Menschen,

als Begründung und Eröffnung der Hoffnung,

als Entscheidungshilfe, wenn es um Prioritäten geht,

als Schärfung des Gewissens,

als Ermutigung zur Nachfolge und zum Beten?

Übertragen wir die Seligpreisungen einmal für uns Heutige:

Gott ist denen ganz nahe, die ein leeres Herz haben; denn ihnen widmet er seine ganze Liebe.

Gott ist denen ganz nahe, die in Trauer vor Abgründen stehen; denn ihnen gewährt er Halt und Hoffnung.

Gott ist denen ganz nahe, die gewissenhaft dienen können; denn ihnen vertraut er den Erdkreis an.

Gott ist denen ganz nahe, die sich nach Gerechtigkeit sehnen, nach Gott und erfülltem Leben; denn ihnen will er Sinn und Erfüllung schenken.

Gott ist denen ganz nahe, die ein warmes und offenes Herz haben; denn sie werden sein offenes Herz finden.

Gott ist denen ganz nahe, deren Seele ohne Falsch und Arg ist; denn ihnen gewährt er Einblick in seine Wahrheit.

Gott ist denen ganz nahe, die sich für den Frieden einsetzen; denn ihnen will er Vater sein.

Gott ist denen ganz nahe, die sich mit ihrem Glauben Feinde machen; denn ihnen bietet er Obhut.

Gott ist euch ganz nahe, wenn ihr euch als meine Nachfolger Verachtung, Verleumdung und Bösartigkeiten zuzieht. Bleibt in eurem Herzen fröhlich und zuversichtlich. Am Ende aller Zeiten wird euer Leben hell und ganz und findet Gottes Ja. Die Propheten vor euch erlebten dasselbe.

Diese Übertragung lässt sich theologisch überprüfen. Vor allem aber gewährt sie Zugang zum Inhalt dieser wundervollen Ouvertüre zur Bergpredigt insgesamt. Alle Themen werden angeschlagen wie Melodien, deren Ausformung erst später folgt.

Man kann also die Bergpredigt nicht ohne die Seligpreisungen haben, wie man die Seligpreisungen auch nicht ohne die Bergpredigt haben kann. Das Wort „Text" heißt „Gewebe", und hier begegnen wir dem Gewebe des Glaubens und der Theologie Christi.

So kann man die Bergpredigt auch nicht ohne den Bergprediger haben und wohl auch ihn nicht ohne seine Predigt.

ERDREICH UND HIMMELREICH

Hier kommen Erdreich und Himmelreich zusammen. Gott und Mensch hätte man früher gesagt, Himmel und Erde, Ewigkeit und Zeit.

Wenn ich am Meer stehe, begegnen sich Himmel und Erde am Horizont, sie begegnen sich nicht nur, sie gehen ineinander über und haben doch ihre eigene Kontur. So nimmt der glaubende Mensch in der Person Christi die Begegnung von Gott und Mensch wahr, das Verschmelzen von Ewigkeit und Zeit, den Übergang von Erdreich und Himmelreich. Jesus von Nazareth wird zum Horizont des Glaubens, in ihm entfaltet sich, was Gott will, und er entfaltet, womit er die Menschen beschenken will. Entfaltung nannte man früher Offenbarung:

Es kommt zur Geltung, was gilt, es kommt zur Wirklichkeit, was wahr ist, es beginnt zu leuchten, was Licht ist. Insofern ist die Bergpredigt keine Christologie, sondern ihre Grundlage.

Mit diesen Gedanken stellen wir etwas

Wichtiges fest: Die Seligpreisungen brauchen keine Auslegung; sie sind eine Auslegung; sie brauchen keinen Kommentar, sie sind ein Kommentar; und sie brauchen keine Erklärung, denn sie sind die Erklärung: Auslegung, Kommentar und Erklärung der Person und des Werkes Christi.

Was wir im Folgenden versuchen, bedeutet: hinein horchen, hinein glauben, hinein beten, hinein denken, hinein zweifeln und hinein hoffen. Damit entfällt jeder Krampf, ein Programm oder eine Leitlinie entwickeln zu wollen. Es entsteht auch kein christliches Manifest und auch kein theologischer Kassiber für Revolutionäre.

Wir versuchen, die Seligpreisungen zu erkennen und zu erleben, wie man eine Musik erlebt oder ein Klima.

Das leere Herz

Gott ist denen ganz nahe, die ein leeres Herz haben;
denn ihnen widmet er seine ganze Liebe.

Denken wir an die mit vollem Herzen, mit dem überfüllten Innenraum, mit der angereicherten Seele:

Menschen voller Wissen, voller Erfahrungen, voller Bedenken, voller Zweifel, voller Fakten, voller Vorbehalte, übervolle Menschen, randvoll abgefüllte Menschen, angsterfüllte, druckerfüllte, ausgefüllte, überfüllte, Menschen voller Pläne, voller Aktivitäten, voll, voll, voll: eben volle Menschen, satte Menschen, getriebene, gehetzte, terminerfüllte, tablettengefüllte, alkoholisierte, hypnotisierte, traumatisierte, organisierte Menschen, Menschen unserer Zeit, gequälte, gejagte, gedemütigte:

Mir steht es bis oben hin! Ich habe die Nase voll! In mein Leben passt nichts mehr hinein. Mein Terminkalender ist voll! Ich habe den Kopf voll! Ich habe alle Hände voll zu tun! Mein Herz ist randvoll! Ich bin übersättigt, überflutet, überlastet. Ich habe Übergewicht! Ich habe Überdruss! Ich habe Überfülle, wir leben in Überfülle, wir leben im Überangebot, unser Herz ist überfüllt. Bei aller Füllung bleiben wir unerfüllt. Sinnentleert.

Unzeitgemäß war er, als er die leeren Herzen selig pries. Er passte offenbar damals nicht in die Zeit der Pharisäer, wie er heute nicht in die Zeit des Industriemenschen passt.

Oder gerade doch?

Er begibt sich auf die Suche nach leeren Herzen. Gott begibt sich auf die Suche nach leeren Herzen; auf die Suche nach Menschen, die suchen. Nach Menschen, die warten. Nach Menschen, die hoffen. Die mit den leeren Herzen haben keine Arroganz. Die mit den leeren Herzen stellen keine Bedingungen. Die mit den leeren Herzen haben keine Vorbehalte. Sie geben nicht an, und sie trumpfen nicht auf. Sie prahlen nicht laut, und sie fordern nicht ein. Sie sind leer und offen und bereit und voller Vertrauen. Die mit dem vollen Herzen müssen ausräumen, Platz schaffen und offen werden.

Das bedeutet Schwerstarbeit wie beim Ausräumen einer Wohnung, wenn man renovieren, reformieren und restaurieren will. Genau darum aber ging es dem Bergprediger: Erneuerung, Rückgewinnung des Eigentlichen, Wiederherstellung. Es geht um den Menschen. Es geht also auch um mich. Von Mutterleib und Kindesbeinen an werden wir geprägt: durch Einflüsse, Maßnahmen, Vorbilder, Einreden, Stoffpläne, Gewohnheiten, Gepflogenheiten, Traditionen und vieles mehr. Werte und Ballast mischen sich, und irgendwann fragt das Ich: Wer bin ich eigentlich?

Bin ich ein Deutscher? Ein Weißer? Ein Linker? Ein Rechter? Ein Christ? Ein Protestant? Ein Katholik? Ein Kleiner? Ein Großer? Ein Unwichtiger? Ein Wichtiger? Bin ich ein Ossi? Ein Wessi? – Dabei sind alle diese Schubladen nur wie Gewänder oder wie Einfärbungen. Doch genau das ist das Gefährliche; denn in dem Augenblick, in dem dies zum Prinzip erhoben wird, wird es zur tödlichen Giftmischung. Kein Serum ist dem gewachsen.

Wenn ich nun wirklich den Bergprediger ernst nehme, dann geht es ans Ausräumen und Sortieren. Doch wie bei einer Wohnung will ich gern vorher wissen, wie die neuen Farben und Möbel aussehen. Meine Seele will gern vorher wissen, was die Ausstattung durch die Bergpredigt bedeutet.

Wieder zurück zur Wohnung: Es fällt ziemlich schwer, die Farbe der Tapeten nach einem Muster auszuwählen. So fällt es auch der Seele schwer, die neuen Inhalte an einem Menschen zu erkennen. Wer bisherige Lebensbedingungen verlassen will, möchte ja auch gern wissen, wie die neuen aussehen. Man kann nicht einfach die der anderen übernehmen. Sie sollen ja zu mir passen.

Die Antwort der ersten Seligpreisung heißt: Grundlage deines Lebens kann nur Liebe sein. Liebe befreit und entlastet, Liebe hört zu und gibt nach, Liebe behütet und ist wachsam, Liebe wärmt und gibt Halt, Liebe vergibt und gibt Hoffnung. Gott ist die Liebe. In ihm finde ich das alles.

Deshalb sucht er mein leeres Herz.

Bei diesen Gedanken werde ich an die Weisen aus dem Morgenland erinnert. Männer waren es, die auf Grund alter Berechnungen aufbrachen. Der Königsstern stand am Himmel. Der Kaiserstern stand am Himmel, und beider Licht wurde ihnen zum Wegweiser. Sie kamen von der Mardok-Universität in Babylon, waren hochgebildete Professoren der Astronomie und der Astrologie. Das Prachtlicht am Himmel musste seine Entsprechung auf Erden haben. Folgerichtig war das gedacht, und so rüsteten sie eine Karawane aus, luden Proviant, Gold, Weihrauch und Myrre auf die Kamele und machten sich auf den Weg. Die Zieladresse hieß: Jerusalem, Königshof, Herodes. Volle Herzen hatten sie, volle Köpfe, volle Taschen. Aber sie wurden nicht fündig am Königshof. Herodes wies sie weiter, wegen der alten Weissagung, wie die Ratgeber zu sagen wussten.

So gerieten sie nach Bethlehem. Da geschieht es: Die mit den vollen Herzen, mit den vollen Köpfen und den vollen Taschen sind plötzlich leer. Die Männer knien nieder, sie beten an, sie breiten ihre Geschenke aus, sie vertrauen einem Traum, sie vertrauen Gott, sie gehen an Herodes vorbei nach Haus, sie meiden das Zentrum der Macht, sie besiegen die Versuchung zum Glanz. Sie hatten die Liebe entdeckt, die unfassliche, kindliche, göttliche, unbegreifliche, windelgewickelte

Liebe. Das waren die Weisen aus dem Morgenland, nicht Könige, sondern neugierige
Berechner, die sich in Nachfolger verwandel-
ten.

Hier stellt sich die Frage: Wie steht es um
die Weisen aus dem Abendland? Wie steht es
um mich? Verlasse ich meine berechnende
Art, meine Vorbehalte, und führe meine seelische Karawane zu Gunsten des Kindes von
Bethlehem und an Herodes vorbei? Vorbei an
den Arroganzen und Privilegien, vorbei an
den Zentren der Macht und der Egoismen?
Hier wird die erste Preisung zur Anfrage und
zur Herausforderung. Sie trifft existenziell.
Sie trifft eben mitten ins Herz. Ins Leere? Es
würde bedeuten, dass ich knien lerne, aber
nicht vor den Majestäten der Welt, sondern
vor der Majestät Gottes. Es würde bedeuten,
dass ich schenken lerne, aber nicht Werbege-
schenke für Mächtige, sondern Dankbarkeits-
geschenke für Demütige.

Bei diesen Gedanken denke ich auch an die
Hirten auf dem Felde: jene rauen Gestalten,
die den offenen Himmel bestaunten und die
Engel singen hörten. Engel – das ist der heilige Augenblick, in dem es dem Menschen

wie Schuppen von den Augen fällt, was Gott von ihm will. Die Hirten hatten wahrlich leere Herzen, geprägt von der armseligen Existenz und der Hoffnung auf ein sinnvolles Leben. Sie brachten offenbar keine Geschenke, sie brachten sich selbst. Sie brachten ihre Sehnsucht, ihre Begeisterung, ihre Erwartung und ihre Offenheit. Sie staunten und sangen und vor allem: Sie waren dankbar. Auf dem Absatz kehrten sie um und erzählten am Lagerfeuer, was sie erlebt hatten: den Heiland in Windeln gewickelt und in einer Krippe liegend.

Bei diesen Gedanken denke ich an die Hirten von heute: an die Angestellten und Manager, an die Arbeitslosen und allein Erziehenden, an die Menschen unserer Zeit, die unter Schwierigkeiten „ihre Herde hüten", ihren Betrieb, ihre Familie, ihre Kinder, ihre Wohnung und ihre Hoffnung. Sie alle halten Ausschau nach dem offenen Himmel, nach Gottes Anwesenheit und nach seiner Nähe. Da gibt es kein himmlisches Schauspiel zu bestaunen, keinen Sternschnuppenregen. Es geht darum, das eigene Herz als Krippe bereit zu halten, die eigene Seele als Stall, den eigenen Glauben als Windeln, um Gott zu empfangen in einer Welt der lauten Geräusche, der Termine und Hektik.

Die Seligpreisung ermutigt und ermuntert den Leser, Gott in Empfang zu nehmen, seine Worte ins Gewissen zu holen, seine Wahrheit im Herzen zu bewegen, wie Maria es tat. Dann wird das Herz voll von Hoffnung und Mut, von Liebe und Frieden. Dann mag der Kaiser heißen, wie er will: Augustus oder Napoleon oder Hitler oder sonst wie. Bethlehem findet heute statt oder gar nicht.

TROST IN DER TIEFE

Gott ist denen ganz nahe, die in Trauer vor Abgründen stehen; denn ihnen gewährt er Halt und Hoffnung.

Es wird über die Maßen gelitten und getrauert in der Welt. Es gehört zur Redlichkeit des Gewissens, dieses Leiden mit seiner Trauer ohne Scheu auszusprechen. Doch bevor das geschieht, stellen wir fest: Alles Leiden hat seine Ursache. Aber Gott ist nie Ursache für Leiden. Immer wieder versuchten Menschen früher und heute auch noch, Gott zuständig zu machen für Leiden, Leid und Trauer. Diese unheilige Schuldzuweisung führte zu schrecklichen, ja verzerrten Gottesbildern: Gott, der rächende, der strafende, der vergeltende, der abrechnende, der aufrechnende, der verdammende; Gott, der Tagebuchführer, der Vollzugsbeamte im Himmel, der Weltenrichter.

So ließ sich alles nur denkbar Böse auf Gott zurückführen oder auf seinen Widersacher, den Teufel. Damit war der Mensch fein heraus, verschaffte sich entweder ein reines Gewissen oder aber warf sich im Namen dieses so geglaubten Gottes zum unheiligen Richter und Rächer auf, was vom ritualen Mord über die angeblich legale Todesstrafe bis zum so genannten heiligen Krieg führte. Zu verstehen sind die kleinen Leidenden aller Zeiten, die den Übeltätern die Hölle an den Hals wünschten, weil sie in ihrer Ohnmacht und Abhängigkeit keine Aussicht auf Besserung ihrer Verhältnisse sahen.

Was aber sollte das für ein Gott sein, der menschenähnlich auf Rache sinnt, das Leiden verursacht, um die Leidenden anschließend durch seinen Sohn trösten zu lassen?! Was wäre das für ein sadistisches Himmelsdrama, so als wolle ein Gott seine Menschen quälen, um sich an ihren Schreien zu weiden. Immerhin: Dieses menschelnde Gottesbild gab es und gibt es. Mächtige und Gesunde, Gewissenlose und Skrupellose können damit gut leben, aber die anderen haben Angst, führen ein Leben am Abgrund und sehnen sich nach Trost und Halt.

Eine andere alte Hypothek kommt noch hinzu, und zwar in der Frage: Wie kann Gott das zulassen? Ist er denn nicht allmächtig? Wenn er das ist und obendrein ein guter Gott, dann müsste er doch dem Leiden und der Trauer, genauer genommen ihren Ursachen, Einhalt gebieten. Ist er das aber nicht, dann ist er auch kein Gott; denn ein Gott ohne Allmacht ist keiner.

Ganz schlicht dagegen: Gott kommt alle Macht zu, ihm gebührt alle Macht. Menschen, die ihm das versagen, werden zu Terroristen des Lebens. Gott hat die wunderbare Schöpfung ins Leben gerufen, hat Muster und Spuren gelegt, Initiative ergriffen und Voraussetzungen geschaffen, damit sich das Leben in seinen ungezählten Arten entwickeln kann. Und obendrein verlieh er dem Menschen die Freiheit der Entscheidung und die Fähigkeit zur Verantwortung, zur Ehrfurcht.

Was der Mensch daraus gemacht hat, steht auf einem anderen Blatt, nicht aber auf dem ersten Blatt der Bibel. Einen Teufel gibt es dabei nicht. Der Teufel ist nur eine Handpuppe im Kaspertheater. Aber der Mensch wurde zum Teufel, und der Mensch ist keine Handpuppe. Das Böse, das Leid und das Leiden, die Trauer, die Schreie und die Schmerzen sind auch kein Kaspertheater auf der Weltbühne, sondern der tragische und dramatische Aufschrei gegen das Unrecht.

Deshalb mischt sich der Bergprediger ein, massiv und deutlich: Gott ist auf der Seite der Leidenden und der Trauernden. Gibt es eine größere Obhut?

Ja, das Böse hat seine Geschichte. Die Bibel datiert den Beginn sogar, aber sie meinte weniger das Datum als vielmehr den Augenblick, als der Mensch auf Gott verzichten wollte, um selbst Herr des Lebens zu sein. Damit begann die Serie der Übeltaten, und aus der Serie wurden ganze Reihen, unendliche Folgen von Töten und Vernichten, Verfolgen und Quälen.

Fromme und Unfromme sind die Täter, und es besteht der begründete Verdacht, dass inzwischen jeder von uns die Anlage zum Untäter in sich trägt. Jeder.

Menschen, die leiden, stehen am Abgrund, weil sie Angst haben, unbenennbare, oft panische Angst, Angst vor dem Tod. Diese Angst ist aller Kreatur zu Eigen. Jedes Tier flieht, so gut es kann, vor dem Sterben und dem Tod. Der Mensch hat besondere Fluchtmechanismen entwickelt: Sicherungen, Festungen, Drähte, Warnsignale, Fußangeln, Bunker, Westen, Helme, Medikamente, Operationen, Maßnahmen, Wachdienste, Seren und vieles andere mehr.

Alles entspringt aus der Liebe zum Leben, aus der Liebe zur Jugend, aus der Angst vor dem Sterben und aus der Ungewissheit in Bezug auf den Tod und sein Danach. Warum eigentlich? Alle müssen doch sterben. Kommt es dann darauf an, wann und wo? Ja, es kommt darauf an: Wenn die Zeit da ist! Kein Mensch hat das Recht, diese Zeit zu bestimmen. Und: in Würde! So müssen wir das Leiden und die Trauer unterscheiden:

Menschen sterben in Wasserfluten. Hinterbliebene weinen und trauern. Es gibt Fluten, die von Menschen verschuldet sind, und solche, die sich aus der Natur ergeben. Aber die Trauernden brauchen Trost.

Menschen sterben durch Erdbeben. Hinterbliebene weinen und trauern. Manches ist Schuld der Menschen, die miserable Häuser gebaut haben. Das meiste ergibt sich aus der Bewegung der Erde. Aber die Trauernden brauchen Trost.

Menschen sterben bei Verkehrsunfällen. Schuld und Versagen bilden den größten Anteil. Aber die Trauernden brauchen Trost.

Menschen sterben und leiden in Kriegen. Alles daran ist Schuld des Menschen. Aber die Trauernden brauchen Trost.

Menschen leiden und sterben im Holocaust. Das ist furchtbare Schuld der Menschen. Aber die Trauernden brauchen Trost.

Menschen leiden durch die Beinamputation. Das seelische Loch ist dunkel. Sie brauchen Trost.

Menschen leiden an Alkohol und anderen Drogen. Die Kinder weinen und trauern. Sie brauchen Trost.

Menschen leiden an Einsamkeit und fehlender Anerkennung. Sie brauchen Halt und Hoffnung.

Frauen und Kinder werden missbraucht und getötet. Die Trauernden brauchen Trost.

Ein Flugzeug stürzt ab. Hunderte kommen um. Menschliches Versagen. Die Trauernden brauchen Trost.

Eine Frau leidet an multipler Sklerose, ein Mann an Krebs: Warten auf den Tod. Sie brauchen Halt und Hoffnung.

Das Leiden hat tausend Gesichter, aber der Trost hat nur eins: Christus. „Siehe, ich bin bei euch alle Tage, bis an das Ende der Welt." Bis an das Ende der Zeit, bis an das Ende der Schmerzen und darüber hinaus. Sein Trost ist mehr als ein Stoßdämpfer. Als er am Kreuz hing und litt, sagte er. „Vater, vergib ihnen; denn sie wissen nicht, was sie tun."

Gott rettet nicht vor dem Tod, sondern im Tod. Gott bewahrt nicht vor dem Leiden, sondern im Leiden. Ob diese Einsicht wirklich tröstet, ist eine Frage des offenen Herzens. Ich kann keinem Erdbebenopfer sagen: halb so schlimm. Aber ich kann ihm sagen: Gott ist bei dir. Das wollte doch der Bergprediger sagen: Gott ist bei dir.

Nur – die Leidenden werden sagen: Mir wäre es lieber, Gott wäre nicht bei mir, dafür aber mein Kind. Aber was gibt es Größeres, als dass Gott bei mir ist in den schicksalhaften Belastungen, die mich treffen.

Aus diesen Überlegungen wächst eine unbändige Kraft: aufzustehen gegen alles Unrecht, das Menschen Menschen zufügen, und andererseits sich zu fügen in das Unvermeidliche. Dietrich Bonhoeffer würde sagen: Widerstand und Ergebung. Der Bergprediger will die Nähe Gottes verkündigen. Das ist das Entscheidende. Mein Glaube gibt mir das Signal, dass Gott in liebender Nähe bei den Leidenden und Trauernden ist, ganz so, als würde ein Engel in das Herz huschen. Mit Engel meinen wir stets, dass Gott flüstert, dass er hält und trägt, dass er mit mir singt und betet, dass er mich tröstet. Man kann das nur so menschlich ausdrücken, weil dem Menschen nur das menschliche Sprachbild zur Verfügung steht, und weil Gott sich im Menschen den Menschen zum Verwechseln ähnlich gezeigt hat.

Mein Glaube gibt mir aber auch das Signal, dass Gott Menschen braucht, die seinen Trost den Trauernden übermitteln: in Geste und Gebärde, im Gewähren von Obhut und Schutz, im Gebet, in Verteidigung und im Verstehen, in Treue und Behutsamkeit. So können wir Menschen liebend zu Engeln werden und den Trauernden Gottes Trost flüstern. Das gehört wesentlich zur Nachfolge.

GOTT SAMMELT IHRE STIMMEN

Gott ist denen ganz nahe, die gewissenhaft dienen können; denn ihnen vertraut er den Erdkreis an.

Wenn dieser Text Musik wäre, dann wäre sie leise, sehr leise, fast zaghaft und zurückhaltend; denn sie passt so überhaupt nicht in den Geräuschpegel der lauten Töne von Zeit und Welt. Die ist kakophon, läuft in schrillen Missklängen, lärmt und übertönt, schreit und befiehlt, hat Sirenen und Hämmer, kennt den Donner der Kanonen, das Heulen der Jets, den Krach von Detonationen, das Rattern von Panzerketten, Pfeifen und Zischen von Maschinen und Bändern im fragwürdigen Konzert mit Hupen und Knallkörpern: verlorene Stille, verlorenes Schweigen, verlorenes Horchen, verlorenes Beten.

Ja, wenn unser Text Musik wäre, dann wäre sie leise, sehr leise. Vielleicht müsste man sogar den Atem anhalten, um sie zu vernehmen: die leisen Töne, das leise Wort, den leisen Bergprediger, den leisen Gott. Denn es wirkt ja fast lachhaft, dass der Erdkreis den Gewissenhaften, den Dienenden und den Demütigen gehören soll.

Regiert wird der Erdkreis von ganz anderen: von denen mit Geld, mit Macht und Gewalt, von denen, die die Tropenwälder abholzen, und von denen, die dieses Holz kaufen; regiert wird der Erdkreis von denen, die an den Kanälen des Wissens sitzen, von denen, die das Internet vergiften, von den Bestechern und Bestechlichen, von den Waffenhändlern und Politgangstern.

Doch was soll diese Aufzählung?! Selbst seit zweitausend Jahren, also seit der Bergpredigt, hat sich wenig oder nichts geändert.

Die Menschheit geht auf die 7 Milliarden zu, die Ressourcen schmelzen, die Seuchen wuchern. Was nützt da der Bergprediger? Was nützen in seiner Nachfolge ein Mahatma Gandhi oder ein Martin Luther King?! Was nützen die großen religiösen Figuren in aller Welt mit ihrer Innerlichkeit und Ethik? Was nützen Sokrates und Mutter Teresa, Bonhoeffer und der heilige Franziskus?

Diese Sätze stimmen. Viele Menschen sprechen sie aus Resignation, aus verlorener Hoffnung oder bitterer Erfahrung. Ja, diese

Sätze stimmen, sie sind richtig, aber sie entsprechen nicht der Wahrheit.

Mag sein, dass der Hass viel Gewalt hat.
Aber die Liebe hat Vollmacht.
Mag sein, dass der Krieg die Geschichte bestimmt.
Aber der Frieden bestimmt mindestens ihr Ende.
Mag sein, dass Härte weit bringt.
Aber Zärtlichkeit führt zu Tiefen.
Mag sein, dass die Gier zu Reichtum führt.
Aber die Bescheidenheit führt zur Erfüllung.
Mag sein, dass Lärm Gehör findet.
Aber die Stille führt zur Einsicht.
Mag sein, dass Gemeinheit Erfolg hat.
Aber Verständnis bringt Freundschaft.
Mag sein, dass Ausbeutung viel Geld bringt.
Aber Ehrfurcht vor Gott und dem Leben bringt Dankbarkeit.

Und: Freunde, wenn ihr dies lest und stimmt dem zu, dann erkennt: Wir sind die Mehrheit. In der übergroßen Mehrheit. Diese Mehrheit ist zwar oft stumm, hilflos, sprachlos, wird dumm gehalten oder zu Untertanen dressiert, wird weggesperrt oder verbannt. Aber sie ist da: diese Majorität der Kleinen, der Leisen, der Demütigen, der Bescheidenen und der Ehrfürchtigen. Sie entsprechen nicht dem Gesetz des biologisch und ökonomisch Stärkeren. Aber sie entsprechen der Bestimmung des menschlichen Menschen. Diese Mehrheit wird bei keiner Abstimmung um ihre Meinung gefragt, aber Gott sammelt ihre Stimmen.

Diese Mehrheit muss oft tatenlos zusehen, wie Erde und Kreatur gequält werden, aber Gott sammelt ihre Gebete. Diese Mehrheit scheint ohne nennenswerten Einfluss zu bleiben, aber Gott sammelt ihre Tränen. Denn diese Mehrheit zeigt Gewissen und zeigt Mut zum Dienen, Dienmut, Demut.

Freunde: Wir sind in der Mehrheit und waren das schon immer! Aber die Angst saß und sitzt uns im Genick.

Jesus wurde gekreuzigt! Gandhi wurde umgebracht. King wurde ermordet. Tausende mehr, nein, Millionen! Aber Janusz Korczak, der große polnische Pädagoge, ging mit seinen vielen Heimkindern singend in die Gaskammer.

Menschlicher Trost ist das nicht, aber Trost für Menschen, weil er von Gott kam, aus einem tiefen Herzen, in das ein Engel gehuscht war. Genau da geschieht sie: die leise Revolution! Gemeint ist nicht nur die mit den Lichtern von Leipzig, vor der die Stasi kapitulieren musste, sondern gemeint ist überall die Revolution durch Glaube, Liebe und Hoffnung. Damit überwindet man jene Hölle, die Sartre meint, wenn er sagt: „Die Hölle – das sind die andern", aber auch jene Hölle, die einem Abgrund gleichkommt und einer gähnenden Sinnlosigkeit.

Plötzlich gewinnt unsere Seligpreisung einen revolutionären Charakter: Da setzt sich einer mit dem Gebot Gottes gegen das Gesetz der Welt ein. Er ruft nicht zum Herrschen, sondern beruft zum Dienen.

Das Ganze bekommt Züge der Offenbarung, des letzten Buches in der Bibel, Züge von Vollendung und ganzem Sinn. Der Bergprediger stellt keine Armee von Spezialisten zusammen, sondern ein Heer von Herzen. Darin besteht Gottes Vertrauen.

Sein Vertrauen liegt wie ein behütendes Klima über seinen Menschen. Für manchen mag das romantisch und idealistisch klingen. Aber wo die Wahrheit ist, ist auch die Wirklichkeit.

Wo Gott ist, da ist Leben. Das allein zählt. Deshalb vertraut er den leisen Menschen, den ehrfürchtigen und dienenden das Erdreich an, seine geliebte Schöpfung, damit die geplagte Kreatur wieder Hoffnung schöpft und die Erde aufatmen kann. Ich glaube dem Bergprediger, wenn er diese Hoffnung sät. Das ist eine wirklich ökumenische Perspektive; denn Ökumene heißt: die von Menschen bewohnte Welt, die allein von den Gewissenhaften bewohnbar und belebbar gehalten werden kann.

DER GERECHTE
UND SEINE HELFER

Gott ist denen ganz nahe, die sich nach Gerechtigkeit sehnen, nach Gott und erfülltem Leben; denn ihnen will er Sinn und Erfüllung schenken.

Inzwischen gibt es Menschenrechte, und es wäre gerecht, wenn sie verwirklicht würden. Es gibt auch insbesondere Rechte der Kinder, und es wäre gerecht, wenn sie verwirklicht würden, Parteien versprechen mehr Gerechtigkeit und verstehen darunter meistens tarifliche Regelungen oder die Gleichstellung von Frau und Mann oder die Steuergerechtigkeit.

Schüler erwarten vom Lehrer Gerechtigkeit und verstehen darunter leistungsbezogene Zensuren ohne Bevorzugung oder Benachteiligung.

Richter und Anwälte bemühen sich in der Rechtsprechung um Gerechtigkeit.

Kinder erwarten und erhoffen von den Eltern Gerechtigkeit, wollen Strafe verhindern und Vergebung erbitten.

Die so genannte Dritte Welt schreit nach Gerechtigkeit auf dem Weltmarkt und fordert Preise ein, die dem Produkt angemessen sind.

Rund um die Erde sehnen sich die Menschen nach Gerechtigkeit. Das hat seinen Grund in der zum Himmel stinkenden Ungerechtigkeit, wie Menschen mit Menschen umgehen, wie sie ihnen Freiheit und Lohn versagen, Eigentum streitig machen, Kinder zur Arbeit zwingen, anvertrautes Gut veruntreuen, Menschen erniedrigen, ausbeuten und zerstören. Es hat aber auch seinen Grund darin, dass die Menschen mit der inneren Kompassnadel in Richtung Gerechtigkeit zur Welt kommen. Am Widerspruch zwischen Sehnsucht und Realität entsteht der Kampf um Gerechtigkeit, aus dem Schrei geboren und meistens in Blut ertränkt.

Zur Regelung aller Rechtsfragen hat der Mensch im Laufe der Kulturgeschichte ungezählte, wirklich ungezählte Gesetze erlassen, Bestimmungen und Verordnungen, Richtlinien und Vereinbarungen. Die Gesetze beruhen wieder auf Grundgesetzen und werden nach Bedarf und Situation geändert, erweitert, verschärft oder gemildert. Alle Arten von

Rechts- und Streitfragen finden hier Berücksichtigung. Selbst der Fachmann durchschaut den Urwald der Bestimmungen nicht mehr und braucht Kommentare und Erläuterungen.

Der einzelne Bürger durchschaut nahezu nichts mehr. Daher rührt auch die Angst vor dem Gericht und die verständliche Neigung, sich überall, wenn möglich, heraus zu halten.

So überlässt man im Allgemeinen nur zu gern alles den Spezialisten, Versicherungen, Regierungen, Gewerkschaften und Anwälten. Wo in Demokratien die Kontrolle funktioniert, ist gegen solche bestehende Rechtsordnung auch nichts einzuwenden; denn sie verklagt ja nicht nur, sondern beschützt.

In absoluten und diktatorischen Staaten dagegen hat das Recht keine Chance, und die Gerechtigkeit verkommt unter dem Druck einer Ideologie, einer Linie, einer Partei oder einer Clique. Dabei ist die ursprüngliche Gerechtigkeitssehnsucht des Menschen relativ einfach:

Ein Mensch braucht Nahrung, Kleidung und Wohnung für sich und die Seinen.

Ein Mensch braucht die Möglichkeit, diese Grundvoraussetzungen zu erwerben.

Ein Mensch braucht gerade in unserer Zeit Wissen, Ausbildung und Bildung, die seinen Begabungen entsprechen.

Ein Mensch braucht Anerkennung und Würde im Leben und im Sterben.

Ein Mensch braucht dies alles, weil er darin seine Freiheit erlebt, sein Glück, seine Freude, seine Trauer, seine Hoffnung.

Eine Gesellschaft ist dann gerecht, wenn sie ihren Menschen solche Freiheit ermöglicht, und der Mensch in dieser Gesellschaft wäre dann gerecht, wenn er seine Möglichkeiten in Dankbarkeit und Verantwortung entwickelt und verwaltet. Im Grundsatz wäre das eine Ethik für die postindustrielle Gesellschaft.

Ich vermute: Alle bisherigen Sätze sind richtig. Aber ich höre regelrecht, wie sich der Bergprediger in dieses Nachdenken einschaltet: Was nützen denn die ungezählten guten Gesetze?

Selbst die Zehn Gebote aus der Wüste bleiben leer, wenn man die beiden ersten streicht. Man kann eben die Gebote nicht ohne den Gebieter haben; und der heißt Gott. Die vertrauensvolle Bindung an ihn und die Eingabe des Lebens in seinen Willen füllen erst die Gebote und machen sie zu helfenden Lichtzeichen, zu klaren Maßstäben und Markierungen und zu einer Leitplanke im Alltag.

Genau aus diesem Grund wird Jesus aus Nazareth als der Gerechte erwartet und erkannt. In ihm wird der Wille Gottes deutlich. Mit seinem Leben verkörpert und verinnerlicht er Gottes Gebieten in seinen Geboten. Wesen und Tun, Denken, Reden und Handeln verschmelzen zur Einheit. Recht wird zum Heil, Heil wird zur Hoffnung. Hoffnung wird zum Leben, weil er das religiöse und ethische Verhalten verbindet. Gottes Gerechtigkeit bekommt durch ihn Auge und Stimme, Ohr und Hand.

Der Mensch kann das nicht von sich aus herstellen oder bewirken, aber er kann sich dieser Gerechtigkeit zur Verfügung stellen. Man sehe mir diesen simplen Vergleich nach: Es ist wie mit der Heizung; die Wärme ist da, reicht bis ans Haus heran. Nun muss man sich entscheiden, ob man die Heizung aufdreht oder nicht. Gewiss, so einfach geht es mit Herz und Seele nicht. Oft wurden die Anschlüsse versäumt. Oft wurde der Glaube versäumt oder nicht gewartet, sodass er zu einem verstopften Rohr wurde, das nicht mehr in der Lage war, Gottes Wärme, also seine Liebe, also seine Gerechtigkeit, aufzunehmen und zu transportieren.

Wer sich auf eine enge Beziehung zu Gott einlässt, wird bald ein Gerechter, nicht ein Selbstgerechter, Selbstgefälliger, Zufriedener, sondern ein Stimmiger, Verlässlicher, Vertrauenswürdiger, der mit allen seinen Fehlern zu leben lernt, aber in seinem Handeln für und vor Gott zum Helfer jenes Gerechten wird, der sich mit der Bergpredigt so nachdrücklich in die Welt des Unrechts einmischt. Sein Plädoyer für die Gerechtigkeit Gottes wird im selben Augenblick zum massiven Veto gegen das Unrecht und seine Verursacher.

Eine Geschichte aus dem Neuen Testament ist hier besonders kennzeichnend. Der Mann aus Nazareth trifft vor den Toren der Stadt auf eine Szene, wo treue Gesetzeshüter, fromme Fanatiker und wohl auch Pöbel vorhaben, eine Frau zu steinigen. Man hatte diese Frau in flagranti beim Ehebruch erwischt. Nach dem Gesetz stand auf diese Tat die Todesstrafe durch Steinigung. Wir können uns diese Situation lebhaft vorstellen: Da kniet die vor Entsetzen zitternde Ehebrecherin im Kreis der Rächer, die ganz gewiss die Steinigung mit gutem Gewissen vorbereitet hatten und ohne jeden Skrupel zum Töten bereit waren. So wollte es das Gesetz, und dieses Gesetz war angeblich göttlich legitimiert. Da konnte es keine zwei Meinungen geben. Die Szene ist makaber.

Da tritt Jesus in den Kreis. Kein Stein fliegt. Alle warten gespannt. Die Überraschung ist groß. Schweigen. Er geht zu der Frau, legt seine Hand auf ihren Kopf, er schreibt etwas in den Sand. Schreibt er ihr Vergehen in den Sand, damit es vor den Augen der Menschen verfliegt? Dann wendet er sich an die Leute: „Wer unter euch ohne Sünde ist, der werfe den ersten Stein." – Schweigen. Kein Stein fliegt. Wo hatte er sie getroffen? Im Herzen? Im Gewissen? In der Seele? Er befreit sie in jedem Fall vom Gesetz der Rache. Die Frau jedenfalls befreit er von der Gewalt der Angst. Dann sagt er zu ihr: „Gehe hin und sündige nicht mehr!"

Er nennt das Vergehen beim Namen. Aber er macht kein Gefängnis daraus. Er setzt sie auf die neue Spur und macht sie auf ein neues Leben aufmerksam. Er nimmt von ihr die Last der tödlichen Bedrohung und die Last der Versuchung.

Er vermittelt ihr Gottes Gerechtigkeit, weil er erkannte, dass sie sich nach ihr sehnte. So geschieht exemplarisch Gottes Wille. „Dein Wille geschehe", heißt es im Vaterunser.

Das gibt Sinn und Erfüllung, und in der Folge werden sich Menschen in seinem Sinn einsetzen für Recht und Gerechtigkeit.

Das Beispiel des Samariters

Gott ist denen ganz nahe, die ein warmes und offenes Herz haben, denn sie werden sein offenes Herz finden.

Das hat die Menschheit immer gewusst: Das Herz ist die zentrale Pumpstation für das biologische Leben und schafft im menschlichen Körper in allen seinen Funktionen den Stauraum der Gefühle, den Laderaum der Begabungen und den Ereignisraum, ja, den Spielraum ungeahnter Möglichkeiten. So hat das Herz ebenfalls seit Menschengedenken eine große symbolische und bildhafte Bedeutung gewonnen:

Da ist jemand warmherzig. In seiner Gegenwart fühlen wir uns wohl, atmen auf und durch, fühlen uns verstanden und geborgen.

Da ist jemand barmherzig. Von ihm geht Hilfe aus und Liebe, Verstehen und Anerkennung.

Da ist jemand offenherzig. Von ihm geht Vertrauen aus und Frieden, Entgegenkommen und Versöhnung.

Da ist jemand treuherzig. Er ist zutraulich und ehrlich, ohne Falsch und Arg und durch und durch verlässlich.

So nimmt es nicht wunder, dass das Herz als Lebensmitte verstanden wurde, als Sitz des Lebens in jederlei Hinsicht, als Puls des Lebens, eben als Herzstück des menschlichen Menschen. Nur Narren sehen im Herzen den Ort romantischer Gefühlsduselei, wobei die Romantik dieses Duseln gar nicht kannte. Ja, man sprach dem Herzen sogar Augen zu in der bescheidenen Einsicht, dass man das Wesentliche des Lebens nur mit dem Herzen erkennen kann.

So wurde das Herz alsbald zum Sitz der Liebe: „Lege mich wie ein Siegel auf dein Herz", heißt es im Hohelied des Alten Testaments im 8. Kapitel. Liebe als Sehnsucht und Erfüllung, als Hoffnung und Wirklichkeit, als Verschlusssache des Herzens.

„Willst du dein Herz mir schenken, so fang es heimlich an …", singt Christian Weise am Ende des 17. Jahrhunderts in der Vertonung von Johann Sebastian Bach.

Da hat jemand ein Herz, und wir verstehen darunter, dass er Gefühl hat, dass er nicht gleichgültig ist, wenn er ein Herz für Kinder, für Alte, für Tropenwälder, für Tiere hat. Ein solches Herz ist aufmerksam und macht aufmerksam.

Da ist jemand herzlich, er begrüßt mich, er lächelt, er ist gewinnend. Ich genieße die Begegnung mit einem herzlichen Menschen.

Da drückt jemand einen Menschen an sein Herz. Eine größere Nähe gibt es nicht. Er hat ihn in sein Herz geschlossen, aufgenommen, angenommen. Das ist eine Wohltat.

Da gibt jemand in ein Projekt, in eine Tat oder Vergleichbares sein ganzes Herzblut. Es bedeutet, dass er sich selbst gibt, dass er sich riskiert, sich aufs Spiel setzt, sein Leben einbringt.

Einem anderen ist etwas Herzenssache oder Herzensangelegenheit. Das bedeutet: Er ist ganz beteiligt. Es gibt kein Zurück. Er verschenkt sich selbst.

Man spricht von vollen und leeren Herzen. Gemeint ist hier die Lebensschale, die Sinnschale, die Glücksschale.

Jemand hat ein gutes Herz. Damit bezeichnen wir einen Menschen, der sich sorgt, der liebt, der sich kümmert, der hilft.

Da hat jemand sein Herz auf dem rechten Fleck. Das ist ein aufrechter und ein aufrichtiger Mensch. Es ist einer, der die Wahrheit liebt und zu seinen Worten steht.

Da hat jemand ein goldenes Herz. Es ist ein Mensch, der unbestechlich ist, einer, der sich in Liebe verschwendet, der gibt und hingibt und: vergeben kann.

Allein diese kleine Versammlung von Redensart und Sprichwörtlichem gibt Auskunft über das Wissen der Menschen, welche Bedeutung das Herz hat, also der inwendige Mensch. Schon damit wäre klar, was der Bergprediger mit seiner Seligpreisung meint. Doch es kommt noch mehr hinzu. Das Herz als Sitz des Glaubens und der Begegnung mit Gott.

„Erforsche mich, Gott, und erkenne mein Herz…", heißt es im 139. Psalm.

„Maria bewegte alle diese Worte in ihrem Herzen", heißt es bei Lukas in der Weihnachtsgeschichte.

„Ich singe dir mit Herz und Mund" oder „Nun danket alle Gott mit Herzen, Mund und Händen", heißt es im Choral.

„Du sollst den Herrn, deinen Gott, lieben

von ganzem Herzen", lesen wir bei Lukas im 10. Kapitel.

Behutsam und bescheiden werden hier und an vielen Stellen die Berührungspunkte zwischen Gott und Mensch benannt. Das Herz übernimmt dabei die Bedeutung des Empfängers und des Senders. Geradezu in doppelter Bedeutung wirkt dabei das alte Leitmotiv der Zisterzienserinnen: Porta patet, cor maius. Die Tür steht offen, das Herz noch mehr! Richtung Gott und Richtung Mensch.

Zwei biblische Geschichten belegen, was sich im Bergprediger verkörpert:

Im Alten Testament wird von zwei Frauen erzählt, die zur gleichen Zeit ein Kind bekommen. Die eine erdrückt und erstickt das Neugeborene im Schlaf. Sie vertauscht heimlich die Kinder. Am anderen Tag kommt es zum Konflikt. Beide wenden sich in ihrer Not und Trauer an den weisen König Salomo. Er lässt sich ein Schwert bringen und will das noch lebende Kind teilen. Die leibliche Mutter lässt das Kind los, weil ihr das Leben des Kleinen wichtiger ist als ihr Besitz. – Aber der König spricht ihr das Kind zu. Sie hat die größere Liebe, sie hat das warme Herz.

Im Neuen Testament steht die Geschichte vom barmherzigen Samariter. Ein Mensch wird überfallen und bleibt wie tot liegen. Ein Priester kommt und geht vorbei. Sicher aus guten Gründen. Ein Levit kommt und geht vorbei. Ebenfalls aus guten Gründen. Ein Samariter kommt, ein Fremdling, einer vom anderen Volk. Einer, der nicht anerkannt war, aber er hält an, steigt vom Reittier, hat keine Berührungsängste, kniet nieder, leistet erste Hilfe mit den Möglichkeiten, die er hat, hilft auf, setzt das Opfer auf das Reittier, geleitet es bis zum nächsten Gasthaus, bittet dort um Pflege, bezahlt im Voraus, verspricht, auf dem Rückweg wieder herein zu sehen, um zu bezahlen, was möglicherweise fehlt.

Die Ausgangsfrage zu diesem Gleichnis wurde von einem Pharisäer gestellt: „Wer ist mein Nächster?" Wer also ist das Objekt meiner Nächstenliebe?

Jesus stellt am Schluss die Frage umgekehrt: „Wer wurde zum Nächsten?" – Der die Barmherzigkeit tat. Also das Subjekt der Hilfe. Das also ist mit den warmen und offenen Herzen gemeint. Ein Kommentar erübrigt sich. Der Bergprediger hat Recht.

Im Klima der Wahrheit

Gott ist denen ganz nahe, deren Seele ohne Falsch und Arg ist; denn ihnen gewährt er Einblick in seine Wahrheit.

„Ich bin klein, mein Herz ist rein!
Lass niemand drin wohnen als Jesus allein."

Das ist ein sehr altes Kindergebet. Bitte, nicht zu schnell lächeln! Oder doch ein klein wenig – über diese kindliche Rede, die wohl von der Illusion ausgeht, dass Kinderherzen und -seelen rein sind. Dabei wohnt in diesem Zwergengebet eine Riesenerkenntnis:

Dass die Christusgestalt die oberste Priorität über die menschliche Seele haben muss. Dass Herz und Seele daher einer sauberen Wohnung vergleichbar sind, einer Art gegenwärtiger Krippe mit sauberen Windeln für die Geburt Gottes in seiner Wahrheit.

Um Wahrheit geht es, um die ganze Wahrheit; denn es geht um Gottes willen um Gott und um des Menschen willen um den Menschen. Nur im Klima der Wahrheit gibt es wirkliches Leben, und nur im wirklichen Leben findet der Mensch seinen Sinn.

Das alte Kindergebet macht auf einiges aufmerksam:

Voraussetzung ist das Eingeständnis der eigenen Kleinheit. Das klingt mehr als unrealistisch in einer Welt der Großen und der Größen, die wie einst Goethes Prometheus sagen: „Hier sitze ich und forme Menschen nach meinem Bilde."

Die Menschenformer sind energisch am Werk. Der Mensch muss passen, gehorchen, übereinstimmen, muss entsprechen, bedingungslos funktionieren, muss killen und kämpfen, kuschen und krepieren.

In der Welt werden Große gezüchtet.

Das kleine Gebet geht vom reinen Herzen aus. Von einer Seele ohne Falsch und Arg, ohne Hintergedanken und ohne Verdienstdenken, ohne List und ohne Berechnung.

Aber reine Seelen kann man nicht herstellen, auch nicht durch fromme Werke und Verdienste. Das war einst das große Thema der Reformationszeit und das zentrale Thema des Briefwechsels zwischen Martin Luther und Erasmus von Rotterdam: Ist der Mensch von

Geburt an böse oder gut? Man tat so, als könne das Gottesverhältnis biologisch vererbt werden. Verständlich aus der damaligen Zeit heraus. Doch der Bibel geht es nicht um ein biologisches Erbe, auch nicht darum, ob der Mensch eine Seele hat, sondern ob er eine Seele ist. Seele – das ist die lebendige Beziehung zu Gott, wie eine Kerze erst zum Licht wird, wenn sie entzündet ist. Der so leuchtende Mensch ist Seele. Gleichzeitig aber ist er anfällig für Versuchung, Verführung, Erpressung, Verdienstdenken, List und Berechnung.

Da hat das kleine Kindergebet ein drittes Mal Recht, wenn es die Seele öffnet für die Anwesenheit Gottes. Es entspricht damit restlos unserer Seligpreisung.

Normalerweise werden wir im Zweckdenken erzogen. Nennen wir es das finale Denken: Ich sage etwas, damit ein anderer so und nicht anders reagiert. Ich handele, damit etwas dabei herauskommt. Ich verhalte mich in ganz bestimmter Weise, damit andere auf mich aufmerksam werden. Ich investiere Gefühle, Geld, Wissen, Können usw., damit etwas für mich heraus springt. Das ist materialistisch und wirtschaftlich gedacht. Damit kommt man an der Börse und in der Politik weiter. Zweckdenken! Tod der Seele.

Und ein viertes Mal hat das Kindergebet Recht: dass Christus in der Seele wohne, weil damit die Einsicht in die Wahrheit verbunden ist. Er sagte ja auch (im Johannes-Evangelium) „Ich bin der Weg und die Wahrheit und das Leben." Das alte Wort für Weg heißt sinthu, heute Sinn. „Ich bin der Sinn."

Sinn und Wahrheit und Leben verschmelzen in ihm zur Verkörperung Gottes. Daraus erwächst das sinnvolle Leben im Gegensatz zum Zweckdenken. War jenes das finale Denken, so nennen wir dieses das konsekutive, ein Denken und Leben, das als Folge der Erkenntnis entsteht und zu einem Leben der Nachfolge wird. Diese Einsicht kommt dem Einblick in Gottes Wahrheit gleich. Insofern stellt unsere Seligpreisung die Verhältnisse geradezu auf den Kopf. Wer den Bergprediger hier versteht, findet Größe in seiner Kleinheit, findet Erfüllung in der Leere, findet Sinngebung in der Zweckgesellschaft. Das ist das Ende von Lust, Arglist und Hinterlist; es ist auch das Ende von gelten, abgelten und vergelten und der Anfang von Vergebung, Hoffnung und Leben.

Es ist schon begeisternd: das Große im Kleinen, der Himmel auf der Erde, die Wahrheit in der Seele, das Wort im Gewissen, Gott im Menschen, die Ewigkeit in der Zeit. Das ist der Schlüssel zum Sinn. Damit kann man an der Börse nicht gewinnen. Aber ist es nicht viel wesentlicher, das Leben zu gewinnen?

Im Markus-Evangelium gibt es die berühmte Geschichte von Jesus und den Kindern, als er sagte: Wenn ihr nicht werdet wie die Kinder, dann werdet ihr die Nähe Gottes nicht erleben.

Was hier als kindlich gepriesen wird, ist die Kleinheit, die Fähigkeit zu staunen, zu vertrauen, die Bereitschaft, von einer Mauer zu springen mitten in die ausgebreiteten Arme des Vaters. Ein solches Vertrauen kommt dem unverstellten Glauben gleich, der Gott in die Arme springt, der also ohne Netz und doppelten Boden die Brücke der Liebe beschreitet. Die Frage bleibt, ob diese Einsicht überhaupt eine Chance hat in der Wirklichkeit dieser Welt.

Die Gegenfrage sei erlaubt: Hat diese Welt

überhaupt eine Chance ohne diese Einsicht? Reicht die Bilanz des Wahnsinns nicht endlich aus, um Einkehr zu halten, Buße zu tun und das Ruder herum zu werfen?

Es kommt auf ein paar Fragen hinaus:

Will ich überhaupt Einblick in die Wahrheit Gottes gewinnen?

Will ich überhaupt, dass sein Wille geschehe?

Will ich überhaupt, dass sein Reich komme?

Will ich überhaupt, dass mir nichts zur Versuchung wird?

Will ich überhaupt, dass meine Seele ohne Falsch und Arg ist?

Mag sein, dass das andere Leben gefährlicher ist; aber ist es nicht auch faszinierender? Der Berechner, der Hinterlistige, der Arglistige ist doch ungleich erfolgreicher als der Einfältige und Kindliche. Schlagzeile hin und Schlagzeile her: Hier geht es um die Entscheidung, ob mein Leben sinnvoll ist oder nicht. Dem Bergprediger zu folgen, bringt Glück und Erfüllung.

GOTT LEBT IN MEINER SEELE

Gott ist denen ganz nahe, die sich für den Frieden einsetzen; denn ihnen will er Vater sein.

Gewiss, es ist eine vermenschelnde Rede von Gott, die fast zwingend das Bild vom Übervater oder von den Unterkindern mit sich bringt. Aber kann dieser leidige Streit nicht endlich einmal aufhören: ob Gott eine Gebärmutter hat oder nicht? Welche weiblichen Züge ihm eigen sind oder nicht? Ob der Begriff „Vater" zur Macht der Väter führt oder nicht? Da hat Jesus vom „Vater unser" gesprochen und hatte ganz gewiss keine biologischen Hintergedanken. Vater war damals ein Beziehungs- und Autoritätsbegriff.

Vielleicht könnte man heute auch Mutter sagen. Aber was bringt das? Es geht doch um ganz andere Tiefen! Es geht darum, ob ich meine Kindschaft anerkenne. Ob ich meine Kleinheit bekenne. Ob ich Gottes Autorität suche, seine Obhut, sein Behüten, sein Wort, seinen Schutz. Ich kenne keinen Begriff, der lebendiger, inniger, beziehungsreicher von

Gott redet als „Vater". Denn es geht hier nicht um Gottes Männlichkeit, auch nicht um Gottes Weiblichkeit, sondern um Gottes Freundlichkeit und Nähe, um seinen Frieden und seine Wahrheit, um seine Zärtlichkeit und um seinen Kuss.

Aber es sind alles menschliche Worte, die Beziehungen und Gefühle ausdrücken. Keines dieser Worte erreicht das Wesen Gottes. Keine Sprache reicht aus, um Gott im Entferntesten zu erfassen. Kein Bild reicht aus, um Gott wesentlich zu begreifen. So sind alle Worte nur tastende Versuche, meine Korrespondenz mit Gott auszudrücken. Statt Vater und Kind finde ich keine besseren Worte. Mutter und Kind würde nichts verändern oder verbessern. Das Problem würde nur verschoben, aber nicht gelöst.

Gott liebt seine Kinder. Das ist eine Erfahrung, aber keine Definition. Gott steht auf der Seite seiner Menschen. Das ist ein Bekenntnis, aber kein Gottesbeweis. Gott lebt, lebt in meiner Seele, im Herzen seiner Menschen für den Frieden.

Vom Münsteraner Philosophen Peter Wust ist folgender wundervoller Satz überliefert,

der auch auf seinem Grabstein steht:
   „Aus dem Wirklichkeitstraum
   durch Ungewissheit und Wagnis
   in den Wirklichkeitsraum
   der Geborgenheit in Gott."

Ich kenne keine Aussage, die besser das biblische Wort „Frieden" öffnen könnte. Denn so ist es doch: Der Traum der Menschen heißt Frieden, und der Raum Gottes ist Frieden. Es ist keine Schande, für Gottes Träumer gehalten zu werden, und es ist auch keine Schande, diesen Traum mit Wirklichkeit zu verbinden.

Die so genannten Realisten dieser Welt werden gleich einwenden: Realität sei Krieg, Streit, Konflikt, Hass, Mord, Betrug und Ungerechtigkeit. In ihrer Dummheit haben sie auch irgendwie Recht: Seit Jahrmillionen herrschen Mord und Totschlag, seid Jahrtausenden gibt es Scharmützel und Gemetzel, seit Jahrhunderten gibt es große Kriege, und die heutige Welt starrt von Waffen und Feindschaft. Die Liste der tödlichen Gemeinheiten ließe sich bis in den privaten Alltag hinein verlängern.

Ja, in ihrer Dummheit haben sie Recht, und die Geschichtsbücher strotzen vor Krieg und Unterdrückung. Selbst wenn die Römer Frieden schlossen, dann war es die pax romana, also der römisch geprägte Frieden, der dem Konfliktpartner die Bedingungen auferlegte.

Krieg und Frieden: Das schien stets eine Frage von Macht, Stärke und Überlegenheit. Die Friedensträumer galten und gelten daher als Schwächlinge, als Utopisten, als Idealisten, als Schwärmer, liebenswürdig oft, aber nicht ganz ernst zu nehmen.

Auf wessen Seite aber könnte es größere und wahrhaftigere Wirklichkeit geben als bei Gott? Er hat der Wirklichkeit zu Sein und Sinn verholfen, er ist der Schöpfer. Er hat dem Leben zu Atem und Hoffnung verholfen. Er hat allem Gefüge zu Muster und Gesetz verholfen.

Auf wessen Seite könnte es größere und wahrhaftigere Wirklichkeit geben als bei Gott?

Er hat allem Leben die Sehnsucht nach Frieden verliehen. Gegenüber den Realisten haben die Wirklichkeitsträumer keinen Geringeren als Gott auf ihrer Seite. Wenn das

Wort Frieden nicht nur nach Friedhof klingen soll, dann müssen wir es aus dem Verdacht befreien, es sei verschoben auf den Sankt-Nimmerleins-Tag und nur reserviert für Tote.

Die biblische Vorlage in den drei Sprachen Hebräisch, Griechisch und Lateinisch gibt Aufschluss darüber, dass der Begriff Frieden wie ein Haus mit vielen Räumen ist: Heil als Geschenk Gottes, Unversehrtheit als menschliches Glück, Friedensgruß als Vermittlung von Segen, das Schwert in die Scheide stecken als Zeichen entwaffnender Versöhnung, Freundlichkeit als Ausdruck der Erkenntnis, Dank als Zeichen der Ehrerbietung, Wohlbefinden als Folge guter Entscheidungen, Glück als Einsicht in die Gnade Gottes; Paradies als Anschluss an den Sinn des Lebens, der heile Mensch in Übereinstimmung mit seinem Schöpfer, Frieden der Seele als Obhut im Glauben, fest werden im Standpunkt, Zeichen von Rückgrat, Pflanzen und Besingen, Dichten und Zustimmen, Leben und Gerechtigkeit: Schalom, Eirene und pax.

Gute Gesinnung und ehrliches Herz: Frieden in der Bibel bedeutet Gabe aus Gottes Hand für den Einzelnen, für die Beziehung

und für den Gesamtweltbestand. Der Bergprediger ist der Inbegriff und die Verlebendi-
gung all dieser Elemente.

Das erinnert an den 85. Psalm, in dem es
heißt, dass Güte und Treue sich begegnen
und Gerechtigkeit und Frieden sich küssen.
Gottes Geschenke verändern die Welt in seinem Sinn. Beim Propheten Jesaja heißt es im
48. Kapitel, dass der Friede zum Strom wird
und die Gerechtigkeit zum Meer. Das sind
wagemutige Visionen, die davon ausgehen,
dass Gott sein Wort hält.

Ist das nur Wunschtraum? Nur Verzweif-
lung angesichts der Furchtbarkeiten in der
Welt? Wir erinnern uns an die Weihnachtsge-
schichte, wie Lukas sie im 2. Kapitel seines
Evangeliums erzählt. „Ehre sei Gott in der
Höhe und Friede auf Erden."

Das ist die Schlagzeile von Bethlehem. Es
ist die Engelsbotschaft. Engel – das ist der
Augenblick, in dem es dem Menschen wie
Schuppen von den Augen fällt, was Gott von
ihm will: Frieden! Frieden von Gott, mit Gott,
mit den Menschen, mit der Kreatur und mit
der Schöpfung. „Auf Erden" heißt es! Da ist
niemand ausgenommen.

Es gibt eine gute kleine Fabel: Ein Mensch kommt in einen Laden. Hinter dem Tresen steht ein Engel. „Ich möchte Frieden kaufen", sagt der Mensch. „Sie täuschen sich", sagt der Engel, „wir verkaufen keine Früchte, sondern nur den Samen."

Friedensstifter sind also nicht Friedensmacher, sondern Friedenssäer. Die kleinen Anfänge sind es also, die große Verheißung haben. Wir brauchen hier nicht in Einzelheiten zu gehen. Jeder weiß genau, was zu tun ist.

Frieden ist der Wirklichkeitsraum Gottes. Ihn auszugestalten ist die Aufgabe des Christen. Das fängt in Ehe und Familie an und geht bis in die große Politik. Es führt zur Koalition der Gutwilligen, wenn man die Weihnachtsgeschichte ernst nimmt.

GOTT GEHÖRT DIE WELT

Gott ist denen ganz nahe, die sich mit ihrem Glauben Feinde machen; denn ihnen bietet er Obhut.

Hier müsste man die ganze Geschichte der Verfolgungen aufblättern, jene entsetzlichen dunklen Seiten der Welt, die niemand verhindert hat. Behutsam wollen wir nur andeuten:

Da machte man Christen zu lebendigen Fackeln in Kaiser Neros Garten.

Da machte man Sarazenen zum hilflosen Freiwild für mörderische Kreuzzügler.

Da machte man Juden zu Schlachtopfern eines blutrünstigen Regimes.

Da machte man Dissidenten zu gequälten Leidenden in Sibirien.

Da machte man Muslime zu Gejagten im Abendland.

Da machte man Schwarze zu Sklaven und Märtyrern.

Da rottete man Indianer aus und tat dies im Namen der Weißen und Christen.

Ist es da ein großer Unterschied, ob man sich mit dem Glauben, wegen der Gerechtigkeit, mit der Hautfarbe oder der Religion Feinde macht? Wo ist da Gottes Obhut?

Es liegt doch auf der Hand: Es ist besser, wenn ich mir keine Feinde mache. Zum einen möchte ich gern länger leben, denke dabei auch an meine Familie, und zum anderen möchte ich mir gern die Qualen von Schlägen, Folter, Flamme oder Galgen ersparen. Ist das nicht verständlich?

Mehr noch: Hat nicht gerade der Glaube oft Menschen zu erbittertsten Feinden gemacht? Mehr noch: Was soll ich denn mit einem Grabstein anfangen, der mich rühmt? Und weiter: Was soll ich mit einem Himmel anfangen, den ich nicht kenne? Dann doch lieber länger auf Erden. Dann heule ich einfach mit den Menschen. Fertig. Aus.

Mit diesen Ausreden ist die Welt zu einer Zuchtanstalt für Feiglinge geworden, Zivilcourage ist verloren gegangen. Doch diese Feiglinge unterscheiden sich in ihrer Art.

Da gibt es die hilflosen und geängstigten Kleinen.

Da gibt es die berechnenden und arglistigen Füchse.

Da gibt es die Speichellecker und Kriecher.

Da gibt es die Bestechlichen und willfährigen Werkzeuge.

Die hilflosen und geängstigten Kleinen, die zumeist stumm und ohne Einfluss sind, verstehe ich gut. Sie aber haben meistens ein lebendiges Gewissen und leiden unter der Ungerechtigkeit. Das sagt ihnen ihr Glaube, genau der Glaube, den der Bergprediger meint.

Die anderen Feiglinge sind bei all ihrer Verschlagenheit und Raffinesse, bei all ihrer Brutalität und Gewissenlosigkeit nicht nur Täter und Mitläufer, sondern sie strotzen vor Dummheit, und Dummheit ist immer die Brutstätte für Fanatismus. Davor schützt kein Doktortitel und kein hoher Rang. Die Dummen lassen sich gut benutzen, gut verführen, gut missbrauchen, und ihre Skrupellosigkeit ist grenzenlos. Deshalb können auch nicht alle kleinen Gutwilligen zu Helden werden. Angst und Aussichtslosigkeit hindern sie.

Was will also der Bergprediger? Vertrösten auf ein besseres Jenseits? Nein, diese fromme Lüge hat viele ins Grab gebracht.

Will er dann Aufständische züchten, sozusagen eine himmlische Legion mit Draufgängern des Glaubens? Sicher nicht. Will er zu

Meuterei auf dem Raumschiff Erde anstiften? Das schon eher: Sich verweigern! Sich den Tätern verweigern.

Vor allem aber will er Erkenntnisse vermitteln, Einsichten säen und uns Menschen an etwas erinnern, was wir sooft vergessen: Gott gehört die Welt! Nein, er will seine Anhänger nicht in die Hände ihrer Verfolger treiben nach der Devise: Nun leidet mal schön, dann hat Gott etwas zu trösten. Was wäre das für ein billiger Trick aus der Tüte religiöser Scharlatane.

Ja, es hat Tendenzen gegeben: Für Gott zu sterben – das ist das Größte.

Später starb man für den Kaiser. Dann für das Abendland. Dann für das Vaterland, schließlich für Führer, Volk und Vaterland, und heute sterben sie weiter: für das Öl, für die Multis, für die Mullahs, für Bewegungen, für Fahnen, für einen Eid, und alle sterben einen einsamen Tod, sinnlos, unerheblich.

Dieses Gesetz der befohlenen und angeordneten Tode will Jesus aus den Angeln heben. Er setzt sich konsequent für das Leben in Freiheit ein. Er beginnt bei der inneren Freiheit. Deshalb waren seine Jünger erst ja auch enttäuscht, weil sie eigentlich zunächst die Befreiung von den Römern erwarteten. Er aber setzt bei der inneren Befreiung an, bei der Vergebung, die zur Entfeindung führt.

Das begriffen sie erst nicht. Er wollte ja kein neues Söldnerheer, er wollte Nachfolger in Sachen Liebe und Gerechtigkeit. Er empfiehlt nicht die Sehnsucht nach dem Martyrium, sondern die Leidenschaft für das Leben. Dafür sucht er Erkenntnisgefährten, Gesinnungsgenossen, Tatgemeinschaften, Gewissensträger, Menschen im Glauben, Menschen mit der Kompetenz zum Lieben; Menschen sucht er, mit der Fähigkeit zur Vergebung, mit der Begabung zur Hoffnung, Träumer unter dem Regenbogen sucht er, und Gottes Träumer sind immer Menschen, die sich dem Frieden verpflichten, Menschen, die Archen bauen und das Leben in Schutz nehmen, Menschen sind es, die Brot teilen und Zeit; Menschen sucht er, die Kinder behüten, die Schöpfung bewahren, Beter sucht er, Menschen mit offenem Herzen und offener Seele, die Gott in sich hinein lassen, um für die Wirklichkeit Kraft zu bekommen. Menschen sucht er, die das Gespür der Versöhnung mitbringen, um Brücken zu schlagen, Lichter anzuzünden, Menschen sucht er, die trösten und ermutigen, Menschen, die ihm nachfolgen.

Das ist die faszinierende Herausforderung des Menschen, um ein menschlicher Mensch zu werden. Gott hat längst das Gottesmögliche getan, damit der Mensch das Menschenmögliche tun kann.

Es geht dabei nicht um den Kampf eines Don Quijote gegen Windmühlenflügel, sondern um den Kampf eines David gegen Goliath. Oder auch um das Trommeln einer Mirjam gegen ihre Feinde. Es geht ihm wie immer um die Eröffnung und Darstellung des Reiches Gottes, wie es der Bergprediger in seinen wunderbaren Gleichnissen entfaltet, wo z. B. das Senfkorn symbolisch wird für die kleinen Anfänge und das Ziel in Größe und Vollkommenheit. Wie sich ein Kind in Schmerzen oder Enttäuschung wohl behütet fühlt durch die Liebe guter Eltern, so eben spürt der Mensch Gottes behütende Nähe in kleinen und großen Verfolgungen.

Dies findet seinen überzeugenden Ausdruck in dem berühmten Magnifikat, im Lied der schwangeren Maria:

„Mein Innerstes singt für Gott,
und ich freue mich durch und durch
über Gottes Nähe in meinem Kind.
Er hat mich in meiner Kleinheit gewürdigt.
Generationen nach mir werden darüber
noch staunen;
denn der Himmel kommt durch mich
zur Erde
durch Gott, der einzig und wunderbar ist.
Er gewährt seine Nähe den Menschen
durch alle Zeiten
und bleibt denen treu, die an ihn glauben.
Alle Macht liegt letztlich bei ihm,
und alle Lästerer werden wie im Nebel
verschwinden.
Die Großen macht er klein, die Kleinen
macht er groß.
Den Sehnsüchtigen gibt er Antwort,
die Vollen bleiben leer.
Er hält sein Wort und hilft seinen
Getreuen.
So hat er es von Anfang an gesagt
und steht dazu bis in alle Ewigkeit."

*Gott ist euch ganz nahe, wenn ihr euch als meine
Nachfolger Verachtung, Verleumdung und Bösartig-
keit zuzieht.*

In unseren Lebenszusammenhängen erntet
man vielleicht nur Spott oder dumme Witze-
lei, ungläubiges Achselzucken und gerunzelte
Stirn.

Alles relativ harmlos. Vielleicht liegt es an
den demokratischen Verhältnissen; denn wo
es die nicht gibt, sieht alles anders aus. Vielleicht liegt es auch am harmlosen Christen,
der kaum noch Kontur zeigt. Vielleicht ist es
auch schwer geworden, den status confessio-
nis zu erkennen, also den Punkt, an dem es
gilt, Farbe zu bekennen.

Vielleicht liegt es auch an den erdrücken-
den Mehrheitsverhältnissen; denn wo ein
Christ in der Minderheit ist, hat er es schwer.
Das geht dem Anhänger anderer Religionen
natürlich ganz genauso. Vielleicht liegt es
auch an der Tatsache, dass Staaten und Welt
mit riesigen wirtschaftlichen Problemen zu

kämpfen haben. Mag auch sein, dass Christen und Kirchen resignieren und sich auf sich selbst zurückziehen. Viele weitere Faktoren könnten noch genannt werden.

Sicher spielt auch alles Gesagte mit hinein. Oder hat Gott seine Kraft zurückgenommen? Investiert er sie anders – wo vielleicht? In den Slums oder in den Anden, in den Freiheitsbewegungen oder auf den Plantagen? Ich kenne die Antwort nicht. Aber es beunruhigt mich, keine Antwort zu wissen. Man könnte fast den Verdacht äußern: Christen werden bei uns nicht verspottet oder verachtet, weil man sie nicht einmal mehr ernst nimmt. Aber diese Skizzen sind nur Denkanstöße.

Nur: Gemessen am Zustand der Welt und ihrer Gesellschaften, gemessen am Terrorismus und Militarismus, gemessen an Bestechlichkeit und Betrug ist die Christenheit nahezu ohne Belang geblieben. Wie oft habe ich das gehört? Was hat sich denn geändert seit oder mit Christus? Sollte er, wie der Philosoph Nietzsche formuliert, der einzige Christ gewesen sein?

Die Bergpredigt selbst gibt Antwort: „Trachtet zuerst nach dem Reich Gottes!"

Oberste Priorität hat die Ausrichtung, hat der Glaube, hat der Anschluss an Gott. Hierin lebt der Christ, und hierin lebt er auf. Die Ausformungen dieses Glaubens waren und sind wie Gewänder, in unterschiedlichen Größen und Farben, in unterschiedlichen Formen und Mustern. Das sind die Bekenntnisse und Konfessionen. Aber der Glaube ist Motiv und Motor zugleich, er durchädert das Leben wie das Grundwasser die Erde. Glaube in diesem Sinne ist also Nummer eins, Grundlage, Überschrift und Leitmotiv zugleich.

Diesen Glauben eröffnet der Bergprediger in seiner Person und spricht Menschen selig, die sich ihm anschließen. Hunderte von Millionen Menschen tun dies, und das ist ein positives Plädoyer gegen alle resignative Bilanz.

„Bittet, so wird euch gegeben; suchet, so werdet ihr finden; klopfet an, so wird euch aufgetan."

Mit diesen Sätzen beschreibt er Zugänge. An anderer Stelle, im Johannes-Evangelium, sagt er: „Ich bin die Tür." Der Zugang zu Gott läuft über mich. Drei Elemente kennzeichnen diesen Zugang: die Bitte, die Suche und die Berührung.

Bittende Menschen sind immer offene Menschen, Bittende sind Bescheidene, Bittende sind das Gegenteil von Habenden, Bittende sind lebendige Menschen, Habende sind erstarrte. Das gilt ganz besonders für den Glauben und seine Inhalte. Man kann Gott nicht haben, man kann ihn nur erbitten. Solche Menschen spricht er selig, ihnen spricht er den nahen Gott zu.

Suchende Menschen sind unfertige Menschen, Suchende sind Neugierige, Suchende sind Gezogene, Begeisterte, suchende Menschen sind Spurenleser: Sie erspüren die Abdrücke Gottes, seine Fußspuren und seine Fingerabdrücke, den Nachhall seines Wortes und die Wirkung seines Geistes. Suchende sind Scouts der Wahrheit, Pfadfinder sind es, die ihren Lebensweg als Weg zur Quelle verstehen. Wieder im Johannes-Evangelium sagt er: „Ich bin der Weg und die Wahrheit und das Leben." Deshalb spricht er die Suchenden selig und eröffnet ihnen den nahen Gott.

Die Berührenden, die Anklopfenden sind kontaktsuchende Menschen, die auf Kommunikation mit Gott aus sind. Es sind die Beter und die Meditierer, es sind Menschen, die

Kerzen entzünden und Stille erleben; Menschen sind es, die die Schöpfung mit Händen berühren, mit ehrfürchtigen Händen; die ihre Nase in den Duft der Blumen stecken; die ihre Ohren der Musik der Wälder und Flüsse, der Meere und Tiere öffnen; die mit ihren Augen die Wunder aus der Meisterwerkstatt des Schöpfers bestaunen; die mit ihrer Zunge singen und sprechen, was sie als Antwort auf ihre Suche gefunden haben.

Diese Menschen gibt es zu Hunderten von Millionen. Sie sind ein Beleg gegen alle resignative Bilanz. Und die Menschen spricht er selig, er sagt ihnen die Begegnung mit dem nahen Gott zu. Solche Grundbestimmung des Menschen hat Folgen. Auch sie werden in der Bergpredigt konkret benannt als Kennzeichen der Nachfolge: „Ihr seid das Salz der Erde." Ihr könnt wirken und würzen, das Leben schmackhaft machen und so, als kleine Körnchen verstreut, Großes ausrichten. Ihr könnt aber auch bewahren und erhalten, das Leben also auf diese Weise vor Fäulnis und Gestank bewahren.

„Ihr seid das Licht der Welt!" Ihr könnt leuchten und wärmen, orientieren und Hoffnung vermitteln. Der oben beschriebene Glaube wird dann aus euren Augen strahlen, und im Licht von Wahrheit und Liebe werden Menschen sich wohl fühlen.

„Lass deine linke Hand nicht wissen, was die rechte tut!" Wunderbar, wie hier die Heimlichkeit der liebenden Hilfe umschrieben wird: nicht aufrechnen, nicht vorrechnen, nicht Dank erwarten, nicht auf Gegenleistung aus sein. Liebende Hilfe ist frei und lässt frei. – Solche Menschen spricht er selig und zeigt ihnen den nahen Gott.

„Liebet eure Feinde!" – Er verlangt ja gar nicht, dass wir ihre Feindschaft lieben; er verlangt auch nicht, dass wir ihre bösen Gedanken und Taten lieben. Er verlangt auch nicht, dass wir ihnen um den Hals fallen, um sie abzuküssen; er verlangt auch nicht, dass wir sie in ihrem Wesen bestätigen; er verlangt auch nicht, dass wir ihr Handeln gutheißen oder gar unterstützen.

„...dass ich Liebe übe, wo man sich hasst", schreibt Franziskus von Assisi in seinem Gebet. Es kommt also auf das Wesen der Begegnung, der Antwort an. Das Ziel der Liebe heißt: aus Feinden Freunde machen. Jeder

Bleibt in eurem Herzen fröhlich und zuversichtlich.
Am Ende aller Zeit wird euer Leben heil und ganz
und findet Gottes Ja. Die Propheten vor euch erleb-
ten dasselbe.

Erstaunlich, dass er seine Nachfolger in die
Reihe der Propheten stellt. Manche Men-
schen schleppen ja bis heute ein Zerrbild des
Begriffs Prophet mit sich herum.

Da gibt es den Wetterpropheten, der vo-
raussagt, ob es Regen oder Sonne gibt. Da
gibt es die Wirtschaftspropheten, die voraus-
sagen, wie sich die Konjunktur entwickeln
wird. Da gibt es die Schicksalspropheten, die
die Sterne zurate ziehen und Horoskope stellen. Da gibt es die Magier und Zauberer, die
Auspendler und Kartenleger, die Spökenkie-
ker und Kaffeesatzleser, die Vogelflugbeob-
achter, die Handleser und viele mehr.

Bei weitem nicht alles ist miteinander vergleichbar. Vielen Vorhersagen und Prophe-
zeiungen liegen Berechnungen zu Grunde,
anderen lediglich fauler Zauber und wieder

anderen die Sehnsucht nach Wissen um die Zukunft. Alsbald erscheinen auf der Bildfläche auch die Unheilspropheten, die Weltuntergangspropheten, die religiösen Falschspieler und schwarzen Sekten.

Propheten, wie sie der Bergprediger meint, sind Geheimnisenthüller. Dabei geht es ausschließlich um die Geheimnisse Gottes, die wesentlich sind für das Leben der Menschen. Zukunftseröffner und Zukunftsweiser sind sie, die den wartenden Gott predigen und dem Zukunftsmacher Mensch den zuweilen unerbittlichen Spiegel vorhalten.

Ausleger und Deuter sind sie, die die Nachrichten Gottes vermitteln und dabei Sprache finden für das Unaussprechliche. Darin sind sie die unermüdlichen Simultandolmetscher Gottes, die sein Wort und seine Rede in die Sprache der Menschen übersetzen.

Mitteilung machen sie, wie ein Nachrichtensprecher die Nachricht weiter gibt. Dabei dekodieren die Propheten Gottes verschlüsselte Sprache.

Ausrufer sind sie, Menschen, die auf Märkten und Straßen, in Häusern und Kneipen die Wahrheit Gottes in die Öffentlichkeit der

Welt tragen, um den unbekannten Gott bekannt zu machen, um die unaussprechliche Wahrheit zu benennen.

Verkünder sind sie, Prediger also, die die Botschaft vom guten und liebenden Gott in die Herzen der Menschen einbringen wollen. Wer Licht macht, entlarvt auch den Dreck. Deshalb haben die Propheten stets auch den Unrat der Welt kräftig beim Namen genannt.

Sprecher sind sie. Wir kennen Klassensprecher, Parlamentssprecher, sozusagen Botschafter, die den Auftrag haben, ihren Auftrag vorzubringen, was durchaus nicht immer sympathisch ist.

Sänger sind sie, begeisterte und begeisternde Sänger, die unter dem Vorzeichen des Glaubens die Stimme Gottes erklingen lassen und oft poetisch dicht in die Melodie und Gesänge der Engel einstimmen: Ehre sei Gott in der Höhe.

Alle diese Kennzeichen und Erkennungszeichen lassen sich allein aus den hebräischen und griechischen Vokabeln für „Prophet" ableiten. Ablesbar wird das konkret an Gestalten wie Jesaja, Jeremia, Hesekiel, Johannes dem Täufer und Johannes, dem Verfasser der Offenbarung im Neuen Testament. Genauso, nur weniger bekannt, Hanna, Mirjam, Debora, Hulda und die prophetischen Frauen in der neutestamentlichen Gemeinde: Sie alle sind Beleg für Beauftragung und Verantwortung. Und Jesus selbst wird auch als Prophet bezeichnet.

Das Leben solcher Menschen war und ist reich, widersprüchlich oft und auch gefährlich, voller Erfüllung und Enttäuschung, voller Hoffnung und voller Gott.

So nimmt also der Bergprediger seine Mitarbeiter und Nachfolger mit in die prophetische Linie und damit an seine Seite. Die genannten prophetischen Kennzeichen wären heilsam für eine Standortbestimmung von Christ und Kirche.

Dabei steht im Hintergrund die seelsorgerliche Empfehlung des Bergpredigers: „Bleibt in eurem Herzen fröhlich". Damit wird das Thema des ganzen Neuen Testaments angeschlagen: die Freude!

Das „Siehe, ich verkündige euch große Freude" aus der Weihnachtsgeschichte klingt wieder an und findet seinen Niederschlag in vielen Chorälen und Gesängen der Kirchen dieser Welt. Es ist, als fielen Weihnachten und Ostern auf einen Tag, der himmlische Jubel wird zur irdischen Freude, der Chor der Engel findet sein Echo in den Gesängen der Menschen. Johann Sebastian Bach gestaltet diese Freude im berühmten Weihnachtsoratorium in unvergleichlicher Weise. So meint es die Bergpredigt, dass über aller Passion doch der Cantus firmus des „Jauchzet, frohlocket…" liegt.

So kommt am Schluss der Seligpreisungen das große Ziel in den Blick: heiles Leben und Gottes Ja. Am Ende der Zeit. Am Ende meiner Zeit? Am Ende aller Zeit? Mein Leben hat ein Ziel. Hat die Geschichte auch ein Ziel? Mein Leben wartet auf das Ja Gottes. Wartet die Geschichte auch?

Dieser Glaube und dieses Denken waren für die damalige Zeit neu. Dachte man vorher in Kreisläufen oder in Unendlichkeiten, so taucht mit Jesus von Nazareth die Vision auf, dass alle Geschichte auf ihre Vollendung hinaus läuft. Das sollte die Narren der Welt ins Nachdenken bringen. Die Nachfolger Christi aber beziehen daraus ihre Zuversicht.

*Ich bin die Tür; wenn jemand durch mich hinein-
geht, wird er selig werden und wird ein- und ausgehen und Weide finden.*

Dies ist eine von rund 40 Seligpreisungen,
die sich in der Bibel außerhalb der Bergpredigt finden. Sie steht im Text vom Guten Hirten (Johannes 10,9). Gemeint ist die Christusgestalt, die die Menschheitsfamilie mit Namen ruft. Es ist ein Ruf zu Obhut, Schutz und
Gemeinschaft. Er selbst bietet den Zugang.

Auf diese Weise wird diese Seligpreisung
zum Schlüssel für alles bisher Entdeckte und
Gesagte. Es geht Gott um die Sammlung der
guten Menschen, um direkten Zugang zu
Wahrheit und Leben, es geht ihm um Bindung und Einbindung, er bietet Nähe, Erho-
lung, Kraft und Hoffnung. Der Bergprediger
ist das Transparent Gottes: In seinen Kontu-
ren wird das Ziel Gottes deutlich und klar.
Sprechen wir seine Worte einmal neu:

Ich bin der Zugang zu Gott; wer durch mich
den Raum des Glaubens betritt, wird Gott be-

gegnen und aus solchen Begegnungen die
wesentliche Kraft zum Leben gewinnen bis
in die Ewigkeit.

Von hier aus entsteht das Bild der Seligpreisungen noch einmal ganz neu: Es leuchtet, es
birgt, es wärmt, es durchströmt alle Kanäle der
Angst und schafft ein tragfähiges Gewebe aller Glaubenden und im tiefsten Sinne den
Anfang einer neuen Welt.

Am Ende der Bergpredigt heißt es: Seine
Zuhörer wurden wegen dieser Botschaft von
Entsetzen gepackt.

Es war alles so neu, so anders. Sie spürten
seine Vollmacht.

Der Autor

Peter Spangenberg, geboren 1934, ist Pastor, war lange Jahre in der Großstadt und auf dem Dorf tätig und widmet sich im Ruhestand weiter der Mitarbeit als Dozent an der Universität Flensburg im Bereich der Evangelischen Religions-Pädagogik. Er lebt in Achtrup/Nordfriesland. Neu ist für ihn die ehrenamtliche Aufgabe als Ombudsmann für Kinder im Kirchenkreis Südtondern. Er ist Autor und Herausgeber von über dreißig Publikationen: Neben Themen zum Glauben und zur Theologie finden sich Meditationen, Erzählungen, Märchen, Fabeln, Laienspiele, Lyrik, Lieder und ein Kriminalroman.